*COLLECTION PIAT*

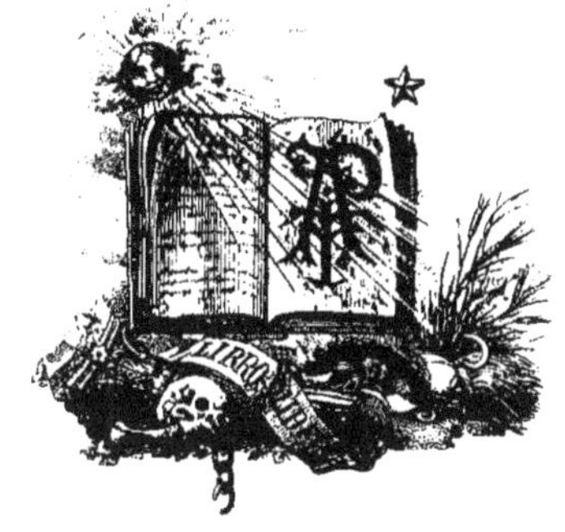

# DESSINS

## Anciens
## &
## Modernes

Imp. Pairault et Cᵢₑ

# COLLECTION PIAT

## DESSINS

### Anciens & Modernes

# CONDITIONS DE LA VENTE

---

Elle sera faite au comptant.

Les acquéreurs payeront *cinq pour cent* en sus des enchères.

M. Paul ROBLIN, chargé de la direction de la vente, se réserve la faculté de rassembler ou de diviser les lots.

MM. les Amateurs pourront visiter les dessins, 65, rue Saint-Lazare, du mercredi 17 au vendredi 19 mars, de deux heures à cinq heures de l'après-midi.

---

# ORDRE DES VACATIONS

| | | | |
|---|---|---|---|
| *Lundi 22 Mars 1897*. . | Dessins modernes. | Nᵒˢ 124 à 180 |
| » » . . | Dessins anciens. | Nᵒˢ 1 à 49 |
| *Mardi 23 Mars 1897*. . | Dessins modernes. | Nᵒˢ 181 à 223 |
| » » . . | Dessins anciens. | Nᵒˢ 51 à 123 |
| » » . . | Fragonard. | Nᵒ 50 |

# CATALOGUE

DE

# DESSINS ANCIENS

ET

# Modernes

*ŒUVRES DE*

BOUCHER, COCHIN, DESRAIS, EISEN, FRAGONARD
GRAVELOT, MARILLIER, MOREAU, QUEVERDO
SAINT-AUBIN, BIDA, CHARLET, GAVARNI, GRANDVILLE
INGRES, LAMI, LEMUD
MONNIER, PILLE, ROQUEPLAN, VERNET, etc.

*Composant la Collection de* FEU M<sup>r</sup> A. PIAT

DONT LA VENTE AUX ENCHÈRES PUBLIQUES AURA LIEU

HOTEL DES COMMISSAIRES - PRISEURS, RUE DROUOT, N° 9

SALLE N° **8**

**Les Lundi 22 et Mardi 23 Mars 1897**

A deux heures et demie.

Exposition publique le *Dimanche 21 Mars 1897*
**De deux heures à cinq heures et demie**

---

Par le ministère de **M<sup>e</sup> Paul CHEVALLIER**, Commissaire-Priseur
Rue Grange-Batelière, 10

Et de **M<sup>e</sup> Édouard BARTAUMIEUX**, son confrère, rue St-Honoré, 334

Assistés de **M. Paul ROBLIN**, Marchand d'Estampes
Rue Saint-Lazare, 65

---

MARS 1897

# DESSINS ANCIENS

## ANONYME

1 — Allégories sur les Aérostats. Danse des morts dans le paysage.

Crayon noir.

## BEAUBRUN (D.)

2 — Christine de Suède ? in-4.

Très beau dessin à l'encre de Chine, signé D. B. pinxit. A° D<sup>ni</sup> 1664. Cadre en bois sculpté.

## BELLA (Della)

3 — Place publique en Italie.

A la plume. (Collection Jubinal de Saint-Albin).

## BOREL (A.)

4 — Scène historique de l'époque de Henri IV.

Beau dessin à l'encre de Chine ; a été gravé.

## BOUCHARDON (Edme)

5 — Médailles commémoratives. Bataille de Fontenoy
et allégorie sur le mariage du Dauphin, 1745.
Deux dessins.

A la sanguine.

## BOUCHER (François)

6 — Allégorie représentant le triomphe de la Religion.

Mine de plomb.

7 — Cartouche orné de figures allégoriques. Frontispice pour un recueil d'airs d'opéra.

Crayon noir.

8 — Cartouche orné.

Sanguine. Cadre en bois sculpté.

9 — Le Médecin malgré lui, in-4.

A la mine de plomb.

10 — Sganarelle ou le Cocu imaginaire, in-4.

Mine de plomb sur parchemin. Cadre en bois sculpté.

11 — Le Muphti, ou chef de la loi.

A la mine de plomb ; a été gravé par Cl. Duflos.

12 — Etude de chiens. Deux sujets dans le même cadre.

Crayon noir. (Collection Jubinal de Saint-Albin).

## BOUCHER (attribué à François)

13 — Amours. Deux médaillons.

A la sanguine. Cadres en bois sculpté.

14 — Baigneuses.

Esquisse au pastel, sur parchemin.

15 — La Joueuse de Cornemuse.

Plume et lavis de bistre,

## BOUCHER (École de François)

16 — Fais le beau !

A la pierrre noire et au lavis.

## CHOFFARD (P.-P.)

17 — Ex-Libris Thellusson.

Plume et sépia.

## COCHIN LE FILS (C.-N.)

18 — L'Oracle et l'Impie. Livre IV, fable LXXIX.

Crayon noir rehaussé de sanguine.

19 — Le Bûcheron et Mercure. Livre V, fable LXXXIII.

Crayon noir ; a servi pour la gravure.

20 — L'Ours et les deux Compagnons. Livre V, fable CII.

Crayon noir.

## COCHIN LE FILS (C.-N.)

21 — Phœbus et Borée. Livre VI, fable CVI.

Crayon noir rehaussé de sanguine.

22 — Les Souhaits. Livre VII, fable CXXX.

Crayon noir rehaussé de sanguine.

23 — La Laitière et le Pot au lait. Livre VII, fable CXXXIV.

Crayon noir.

24 — Le Bassa et le Marchand. Livre VIII, fable CLX.

Crayon noir.

25 — Le Statuaire et la Statue de Jupiter. Livre IX, fable CLXXV.

Crayon noir.

Ces huit dessins ont été gravés pour la belle édition des Fables de Lafontaine, illustrée par J.-B. Oudry. Édition de Desaint et Saillant, 1755-1759, 4 vol. in-folio.

26 — Buste de J.-J. Rousseau, Frontispice in-8, pour l'Emile.

Dessin au crayon rehaussé de plume, signé. Cadre en bois sculpté.

27 — Voisenon (C.-H. Fusée de), in-4.

Mine de plomb.

28 — Le Semeur.

Dessin à la sanguine; a été gravé. (Collection du baron R. de Portalis).

## COCHIN et MOREAU LE JEUNE

29 — Diane et Endymion. — Armes du Danemarck, 1774.
> Deux dessins signés.

## CRANACH (attribué à Lucas)

30 — Personnage assis tenant un linge et profil de femme.
> Esquisse à la plume. Cadre en bois sculpté. (Des collections Reynolds et W. Ford).

## DESFRICHES

31 — La laveuse. — Le paysage au puits, 1778.
> Deux dessins signés et datés.

32 — Maison de villageois auprès d'une rivière; médaillon.
> Mine de plomb, gouachée. (Collection Jubinal de St-Albin).

## DESRAIS (C.-L.)

33 — Les aventures de Chéreas et Callirhoé.
> Huit dessins au crayon noir rehaussés de blanc; ont été gravés.

## DESRAIS (C.-L.)

34 — Sganarelle.
> A la plume et à l'encre de Chine. (Collection du baron R. de Portalis).

35 — La déclaration. — Le baiser. — La tasse de café. — Jeune femme faisant l'aumône. Quatre sujets dans le même cadre.
> Plume et sépia.

## DESRAIS (C.-L.)

36 — L'Enfant trouvé ou la Résurrection de Connaxa.

Plume et lavis de bistre. (On y a joint la gravure).

37 — Le Petit-Maître. — La Blanchisseuse.

Un dessin rehaussé d'aquarelle et une gravure en couleur.
Deux pièces.

## DUPLESSIS-BERTAUX

38 — Sujets militaires, quatre dessins.

A la plume, et au lavis de bistre.

## DUPLESSIS-BERTAUX (attribué à)

39 — L'Éducation des demoiselles. — L'Éducation des messieurs. Deux pièces.

Charmants dessins à la mine de plomb, faisant pendants,
réunis dans le même cadre en bois sculpté.

40 — Les mêmes sujets reproduits par la gravure.

Belles épreuves dans un joli cadre en bois sculpté.

## DURER (attribué à Albrecht)

41 — Lucianus. — Plutarchus. Deux sujets dans le même cadre.

A la plume.

## DYCK (Ant. Van)

42 — Étude de têtes.

Lavis d'encre de Chine.

## ÉCOLE FRANÇAISE DU XVIIIᵉ SIÈCLE

43 — Amours et Bacchante.

Dessin à la plume rehaussé de gouache.

## ÉCOLE ITALIENNE

44 — La communion de Sainte-Madeleine.

Au lavis d'encre de Chine. Cadre en bois sculpté.

## EISEN (Charles)

45 — Scévole. — Venceslas. Huit compositions en largeur sur peau de velin, pour les Chefs d'œuvres dramatiques de Marmontel, 1773, in-4.

A la sanguine, signés et datés. Cadre en bois sculpté.

46 — Frontispice allégorique pour la découverte du Nouveau Monde.

A la mine de plomb, sur peau de velin. On y a joint la gravure en double état.

47 — Vignette pour les Épreuves du sentiment, par Baculard d'Arnaud.

Mine de plomb, signé, 1767. Cadre en bois sculpté.

48 — Vignette tête de page pour l'Abrégé de l'histoire universelle de Puffendorf.

Mine de plomb, signé.

## EISEN (attribué à Charles)

49 — Muse et amours, composition de forme ronde.

Plume et lavis de bistre.

## FRAGONARD (Honoré)

50 — Dix compositions, in-4, pour les contes de Lafontaine. Edition Didot 1795.

1° Le Muletier.

2° Le Gascon puni.

3° A femme avare galant escroc.

4° La Gageure des trois commères.

5° Le Calendrier des vieillards.

6° Le Mari cocu battu et content.

7° La Fiancée du roi de Garbe.

8° On ne s'avise jamais de tout.

9° Le Savetier.

10° Le Paysan qui a offensé son seigneur.

Très beaux dessins à la sépia, dans des cadres en cuivre doré. (Collection Des Jamonières). Seront vendus séparément.

51 — Retour de la fontaine. — L'aumône. Deux pendants.

Au crayon noir rehausssés de sépia. (Collection du baron R. de Portalis).

52 — La diseuse de bonne aventure.

Sanguine.

53 — Eruption du Monte Nuovo, fleuron in-folio.

Au lavis d'encre de Chine, rehaussé de blanc; on y a joint la gravure.

## FRAGONARD (Honoré)

54 — Scène de l'Histoire romaine.
  Plume et lavis d'encre de Chine.

55 — Le remède, pour les Contes de Lafontaine, in-4.
  A la plume lavé de bistre.

56 — Les lunettes, pour les contes de Lafontaine, in-4.
  Plume et lavis de sépia; n'a pas été gravé. (Collection Walferdin).

57 — Les quiproquos, pour les contes de Lafontaine, in-4.
  Plume et lavis de sépia; a été gravé par Caquet. (Collection Walferdin).

58 — Les Troqueurs, pour les contes de Lafontaine, in-4.
  Plume et lavis de sépia; n'a pas été gravé. (Collection Walferdin).

59 — La fiancée du roi de Garbe (Le Chevalier), pour les contes de Lafontaine, in-4.
  Crayon noir; a été gravé. (Collection Walferdin).

## FRAGONARD (attribué à H.)

60 — La Jument du compère Pierre. — Le Poirier. Deux compositions pour les contes de Lafontaine, in-4.
  Plume et aquarelle. (Collection Delbergue Cormont).

## GÉRARD (François)

61 — O Crudelis Alexi (Eglogue 2) des œuvres de Virgile. Edition Didot.

> Aquarelle gouachée; on y a joint la gravure. (Collection du baron R. de Portalis).

## GRAVELOT (Hubert)

62 — Le Château de Marly-la-Ville.

> Dessin à la mine de plomb. Cadre à fronton sculpté.

## GRAVELOT (Hubert)

63 — Noblesse. — Amitié. — Gloire. — Abondance. — Paix. Cinq compositions in-18, pour l'Iconologie.

> Plume et sépia.

64 — Vignette pour illustration, in-8.

> Sépia, rehaussé d'aquarelle. Cadre en bois sculpté.

65 — Les Otomates du S$^r$ Vaucanson. — Continence de Scipion. — Sujets de l'histoire romaine.

> Quatre dessins renfermés dans trois cadres.

## GREUZE (J.-B.)

66 — La Malédiction paternelle, réduction pour la gravure de Moreau le Jeune.

> Au lavis d'encre de Chine.

67 — Jeune mère pleurant son enfant mort.

> Sanguine.

## HUET (J.-B.)

68 — Étude de têtes de jeunes filles et d'enfants.

A la plume, signé.

## KLINGSTET (attribué à)

69 — Bergère, filant.

Miniature.

## LA RUE (de)

70 — Bacchanale. — Scènes de sacrifices.

Dix dessins encadrés, dont neuf dans le même cadre.

## LE BARBIER

71 — Ange montrant la Croix au peuple.

Au lavis de bistre, signé et daté, 1782. Cadre en bois sculpté.

## LE BARBIER

72 — Léda, Sujet mythologique.

A la sépia.

## LEBRUN (Mme Vigée)

73 — Son portrait, à la sanguine.

Esquisse fort intéressante de Mme Vigée Lebrun. L'idée première qu'elle représente a été modifiée dans le tableau définitif. Il y a des modifications dans son costume et dans la coiffure, sa fille se tient serrée contre sa mère, sans lui jeter ses bras autour du cou.

## LIPS

74 — Portrait de Lavater, 1789.

> Encre de Chine et aquarelle, signé et daté. Cadre en bois sculpté.

## MARATTE (Carle)

75 — Évêques invoquant la Sainte Vierge en faveur des malheureux.

> Sépia.

## MARILLIER (C.-P.)

76 — Portrait du comte de Caylus, en médaillon, entouré de figures allégoriques, 1766, in-folio.

> A la plume et au lavis d'encre de Chine.

77 — Composition pour Rosalie, de Baculard d'Arnaud.

> Plume et lavis de bistre, signé et daté, 1775.

78 — Frontispice in-18, pour Anacréon. Ed. Cazin.

> Mine de plomb.

## MARTINET

79 — Douze compositions in-18, pour les Contes des Fées, de Perrault.

> Plume et lavis d'encre de Chine.

## MIRYS

8o — Portrait d'homme de profil, dirigé à droite.

Mine de plomb, signé et daté, 1769.


## MONNET (Charles)

81 — Vignettes in-12, pour les Aventures de Télémaque, deux compositions inédites.

Plume et lavis d'encre de Chine.


## MONSIAU (N.)

82 — Frontispice in-18, pour Estelle, de M. de Florian.

Plume et lavis de bistre, signé. Cadre en bois sculpté.


## MOREAU LE JEUNE (J.-M.)

83 — Heroïsme de Jean le Sénéchal à la bataille de Pavie.

Dessin à la plume et à la sépia, a été gravé par J. de Longueil. Signé et daté 1785.


84 — Tombeau de Jean-Jacques Rousseau à Ermenonville, in-8.

Plume et lavis d'encre de Chine. Cadre en bois sculpté.


85 — Monsieur Cadet l'apothicaire, auteur du Journal de Paris, à cheval sur Pégase ; son garçon lui donne un lavement qui lui fait rendre les feuilles du Journal.

Plume et sépia.

3

## MOREAU LE JEUNE (attribué à J.-M.)

86 — Jeune femme assise.

Dessin sur papier bleu.

## MURILLO (attribué à)

87 — La Vierge adorant l'Enfant Jésus.

A la plume lavé de bistre. (Provenant des collections Reynolds et W. Ford).

## NANTEUIL (attribué à Robert)

88 — Portrait original de M. Fouquet, surintendant des finances, mort en 1680, âgé de 65 ans.

Mine de plomb, sur parchemin. Cadre en bois sculpté.

## NATTIER

89 — Bustes de femmes.

Étude à la sanguine.

## NICOLLE (V.-J.)

90 — Paysages avec ruines. Deux dessins faisant pendants.

Aquarelles signées.

91 — Vue de la porte du Peuple et de l'Église de la Madone, près d'icelle porte, à Rome.

Aquarelle signée.

## NICOLLE (V.-J.)

92 — Ruines et oratoire.

> Aquarelle signée.

## NILSON

93 — Allégories pour illustrations. Deux dessins.

> A l'encre de Chine.

## OSTADE (attribué à Adrien Van)

94 — Fumeur.

> A la plume, rehaussé d'aquarelle.

## OUDRY (J.-B.)

95 — Le Lion et l'Ane chassant, sujet pour les Fables de Lafontaine, in-4.

> A la plume et au lavis d'encre de Chine. Cadre en bois sculpté.

## OZANNE

96 — Construction du Port Louis dans l'Isle de France, en 1738. Représentée pendant le défrichement des lieux, par le feu et tous les moyens prompts que l'art peut dicter.

> Plume et lavis d'encre de Chine, signé.

## PICARD (Bernard)

97 — Allégories mythologiques.

> Beau dessin à la sanguine, signé.

## PIERRE (J.-B.)

98 — La Réprimande.

Crayon noir.

## PORBUS

99 — Son portrait à l'âge de 32 ans.

A l'encre de Chine, signé et daté.

## PORBUS (attribué à)

100 — Portrait de Louis XIII jeune, représenté assis.

Plume et lavis de sépia.

## PRUD'HON (attribué à P.-P.)

101 — Pastorale. — Jeux d'enfants. Deux compositions.

Au crayon noir rehaussé de blanc, sur papier bleu.

## PUGET (Pierre)

102 — Matelots déchargeant une barque.

Au crayon noir, sur parchemin.

## PUJOS (A.)

103 — Delille (l'abbé), in-4.

Crayon noir, signé.

104 — Gerbier, célèbre avocat, in-4.

Crayon noir.

## PUJOS (A.)

105 — Poullain de Sainte-Foix, in-4.
Crayon noir, signé 1780,

106 — Raynal (l'abbé), in-4.
Crayon noir.

107 — Richardson, in-4.
Crayon noir.

## QUEVERDO (F.-M.)

108 — Scène de Zaïre.
Mine de plomb, signé et daté. Cadre en bois sculpté.

109 — Vignettes pour Mirtil et Chloé. — Le bon fils, etc.
1772, 1786.
Quatre dessins à l'aquarelle. Dans un cadre sculpté.

## RAPHAEL SANZIO (attribué à)

110 — Étude d'homme et de femme.
Sanguine et crayon noir. Cadre en bois sculpté.

## REMBRANDT

111 — La peseuse d'or.
A la plume lavé de sépia. Cadre en bois sculpté.

## ROMAIN (Jules)

112 — Des anges portant une tiare.

A la plume. (Collection Jubinal de Saint-Albin).


## SAINT-AUBIN (Augustin de)

113 — Gluck, médaillon de profil.

A la pierrre d'Italie. (Collection Renouard). Cadre en bois sculpté.


114 — Buste de Molière, posé sur un piédestal et dirigé à gauche.

Mine de plomb. (Collection Renouard). Beau cadre en bois sculpté.


115 — Rousseau (Jean-Jacques), en buste, dirigé vers la droite, d'après Houdon.

Mine de plomb. (Collection Renouard).


## SAINT-AUBIN (attribué à Gabriel de)

116 — Promenade à la fête champêtre.

Croquis à la plume et au crayon.


## SARTO (Andreas del)

117 — Quatre personnages autour d'une table.

Dessin à la sanguine, signé. Cadre sculpté.


## SCHENAU

118 — Les présents de l'amour.

Dessin à la mine de plomb, signé.

## SEVE (de)

119 — Vignette tête de page pour l'Histoire naturelle de Buffon.

A la plume et au lavis de bistre, signé, 1785. Cadre en bois sculpté. (Collection du baron R. de Portalis).

## SWEBACH-DESFONTAINES

120 — Choc de cavalerie auprès d'un monticule.

Sépia, signé et daté 1786. (Collection de Jubinal de Saint-Albin )

## TAUNAY

121 — La Noce de Village. — La Foire de Village. Deux pendants.

Esquisses à la plume et à l'encre de Chine.

## VANLOO (attribué à Carle)

122 — Allégorie pour plafond.

Plume et sanguine.

## VINKELÈS

123 — Adam et Ève dans le Paradis-Terrestre, in-8.

Plume et lavis d'encre de Chine, signé et daté. Cadre en bois sculpté.

# DESSINS MODERNES

## ALIGNY (Th^re)

124 — Paysage.

Mine de plomb.

## ALLONGÉ (Aug.)

125 — Le Soir.

Fusain, signé.

## BAYARD (Émile)

126   Uranie, de Camille Flamarion. Couverture (Edition du Figaro).

Dessin à l'encre de Chine, lavé d'aquarelle, signé.

## BELLANGÉ (Hippolyte)

127 — Napoléon à cheval.

Sépia, signé 1830.

## BIDA

128 — Hernani, acte I^er, scène II.

Plume et encre de Chine, signé.

129 — Hernani, acte IV, scène IV.

Plume et encre de Chine, signé.

130 — Le Mendiant (Poëme d'André Chénier).

A l'encre de Chine, signé.

131 — Le Roi Lear.

Au crayon noir, signé.

## BIDA (attribué à)

132 — Scène d'amour.

Crayon noir. Cadre en bois sculpté.

## BONINGTON (R.-P.)

133 — Sujet tiré d'un roman de Walter Scott.

A la sépia, signé des initiales R. P. B.

## CARESME

134 — Paysans regardant des musiciens ambulants.

Aquarelle, signée.

## CHAPLIN (Ch.)

135 — Portrait de la Dame aux Camélias.

A la mine de plomb et aux crayons de couleur.

## CHARLET

136 — Le Grand-Père.

Crayon noir, rehaussé de gouache, signé, avec envoi à Antony Touret. Cadre en bois sculpté.

137 — Paysans au marché.

Mine de plomb, signé. Cadre en bois sculpté.

138 — Deux dessins à la mine de plomb pour le mémorial de Sainte-Hélène. Tome 1, page 389. Tome 2, page 23.

Signés.

## CHASSELAT

139 — Jésus prêchant.

Sépia.

## COTELLE-HÉBERT (A.)

140 — Melun. Vue prise des bords de la Seine.

Aquarelle, signée et datée 1879.

## DAUBIGNY

141 — Le Moulin de la Galette en 1850.

A la plume, signé.

## DAVID (Louis)

142 — Pie VII.

A la plume, signé L. D., de souvenir 12 ans après l'avoir peint.

## DAVID (J.-L.)

143 — Le fleuve Scamandre.

Aquarelle, signée.

## DECAMPS

144 — Bateaux dans un port.

Crayon noir, signé des initiales.

145 — Pêcheuse, portant une manne de poissons.

Crayon noir, signé des initiales.

## DELACROIX (Eugène)

146 — Le Tasse en prison.

A la plume, signé.

## DETAILLE (E )

147 — Programme pour le Cercle de l'Union artistique.

Plume et aquarelle, signé, mai 1877.

## DIAZ (N.)

148 — Jeune Femme assise et lisant.

Aquarelle, signée.

## DORÉ (Gustave)

149 — Dante et Virgile aux Enfers.

A l'encre de Chine rehaussé de blanc, signé.

150 — Le Page et la Châtelaine.

Aquarelle signée. Cadre en cuivre.

## FARCHI (A.)

151 — Arabesques en hauteur avec sujets héraldiques.

Aquarelles signées.

## FLERS

152 — Chasse au marais.

Crayon noir rehaussé de gouache, signé et daté 1847.

## GAILLARD (Fr.)

153 — Portrait de femme à mi-corps, d'après David.

Au crayon noir, signé et daté 1863.

## GAVARNI

154 — Permettez-moi de vous exprimer mes vœux pour cette nouvelle année.

A la plume. Cadre en bois sculpté.

155 — Tête d'homme, 22 nov. 1858.

Dessin à la plume, signé G.

## GAVARNI

156 — Caricature d'un homme assis et lisant.

A la plume, lavé d'encre de Chine, signé.


## GORGUET (Aug. F.)

157 — Aspasie. — Sagacité d'Aspasie, deux compositions.

A la plume, signées.


## GOYA (attribué à Fr.)

158 — Feuille de croquis à la plume offrant au recto et au verso de nombreuses études de figures que nous retrouvons dans les compositions des Caprices et des Proverbes, ainsi que le portrait et la signature de l'artiste.

159 — I aun no se van ! — La Filiation. — Dévota profesion. — Se repulen. Quatre dessins.

Plume et lavis.


## GRANDVILLE (J.-J.)

160 — Alexandre Dumas père, portrait charge.

Crayon noir, signé.

161 — Mieux vaut tard que jamais. — A l'amour et au feu on s'habitue. — La pelle se moque du fourgon, etc. Six sujets pour les proverbes.

A la plume, signés, ou avec le cachet de la vente de l'artiste.

162 — Ils ne savent plus à quel saint se vouer ; caricature contre les ministres de Louis-Philippe.

A la plume ; a été lithographié dans la Caricature.

## GRANDVILLE (J.-J.)

163 — Danse de Hannetons.

> A la plume.

164 — Deux compositions humoristique.

> A la plume.

165 — Conseil tenu par les rats. — Scène macabre. Deux dessins.

> A la plume.

## GRANDVILLE (attribué à J.-J.)

166 — La lice et sa compagne, sujet pour les fables de Lafontaine.

> A la plume.

## GUELDRY

167 — Voltaire à l'Académie; illustration pour l'édition nationale de Victor-Hugo.

> A l'encre de Chine rehaussé de gouache.

## INGRES (J.-A.)

168 — Poussin, portrait in-4, en pied.

> Le grand artiste est assis sur un escabeau et drapé dans un manteau jeté sur son épaule, il tient un livre. Dessin à la mine de plomb, provenant de la vente Secrétan.

## INGRES (attribué à J.-A.)

169 — Talleyrand (Ch.-Mau. prince de), né à Paris le 2 février 1754.

> Mine de plomb, avec dédicace à monsieur de Salvandy. (Collection Jubinal de Saint-Albin).

## ISABEY (attribué à)

170 — Bonaparte, général en chef de l'armée d'Italie.

Mine de plomb. Cadre en bois sculpté.

## ISABEY (Eugéne)

171 — Barque de pêche.

Aquarelle, signée et daté 1820.

## JAMBON

172 — Motif de décor pour Lohengrin.

Aquarelle signée.

## LALANNE (Maxime)

173 — Paysages, neuf petits sujets dans un cadre.

Au crayon noir, rehaussés de blanc; envoi autographe de de l'artiste à Gustave Aimard.

174 — Une rue en Espagne.

Crayon noir rehaussé, signé.

## LAMI (Eugène)

175 — Le baptême de Louis XIII, au palais de Fontaine-bleau.

Esquisse à l'aquarelle. (Collection Marcellin).

176 — La place de la Concorde, vue prise de l'extrémité de la rue Royale.

Mine de plomb. Cadre en bois sculpté.

177 — Le roi Lear.

Aquarelle signée des initiales.

178 — Scène conjugale.

Aquarelle.

## LEMUD (A. de)

179 — Les souvenirs du peuple. Composition in-8, en largeur, inédite, pour les chansons de Béranger.

A la sépia, signé.

## LEMUD, CHARLET, JACQUE, JOHANNOT, PENGUILLY

180 — Huit compositions in-8, pour les chansons de Béranger, Edition Perrotin, 1847.

1° Jacques.

A la sépia, signé des initiales C. J.

2° Roger Bontemps.

A la sépia, signé, Ch. Jacques.

3° Descente aux enfers.

Sépia et encre de Chine, signé, O. Penguilly 1845.

4° Le petit homme rouge.

Sépia et encre de Chine, signé, O. Penguilly.

5° Le vieux vagabond.

Au crayon noir, rehaussé de gouache, signé, Charlet.

6° Le fils du Pape.

Sépia et encre de Chine, signé, Tony Johannot, 1846.

7° L'hiver.

Sépia et encre de Chine, signé, Tony Johannot.

8° Les étoiles qui filent.

Entourage dessiné à la sépia sur une épreuve de la gravure inachevée, signé, A. de Lemud.

Ces dessins seront vendus séparément.

Les gravures ont été placées au verso des cadres.

## LOBRICHON (T.)

181 — Le Marchand d'Enfants.

Plume et crayon.

## MEISSONNIER (Ernest)

182 — Portrait de l'artiste.

Crayon noir, signé.

183 — Le Violoncelliste.

A la plume.

## MILLET (attribué à J.-F.)

184 — La Hacheuse de paille.

Mine de plomb.

## MONNIER (Henry)

185 — Portrait charge, d'Albert Grisar, 1833.

Mine de plomb.

186 — Portraits. — Une famille à table. Deux dessins dans un cadre.

Au crayon noir, signés.

187 — Un Officier de Marine.

Aquarelle, signée.

188 — Les Politiques.

A la plume, rehaussé d'aquarelle, signé et daté. (Collection Marcellin).

## MONNIER (Henry)

*50*—  189 — Rapport au Garde-Champêtre.

A la plume.

*120*—  190 — Le Secret de Polichinelle, 1860

Dessin à la plume, signé.

*250*—  191 — Monsieur Prud'homme, 1867.

Dessin au lavis, rehaussé d'aquarelle, signé et daté, avec dédicace.

## MORAINE (R. de)

192 — Le Duc d'Enghien, chez le sculpteur Canova.

Plume et aquarelle, signé.

## MYRBACH

193 — Compositions pour Tartarin dans les Alpes, de Daudet.

Six dessins, à l'encre de Chine.

## NANTEUIL (Célestin)

194 — Un Buveur, route de Marseille, 1859. — Paysan, vu de dos. — Jeune fille se rendant au Temple de l'Amour.

Trois dessins.

## PEYRE (J.)

195 — Charles IX. — Henri III. Deux portraits avec entourages ornés.

A la mine de plomb, signés et datés, 1835.

## PIGAL

196 — Docteur, il me faut trouver un remède.— Le Phré-
nologiste. — Ah ! ben merci, quel homme douil-
let ! — Un mauvais plaisant.

Quatre aquarelles, signées.

197 — Vieillard assis.

Sépia, signé.

## PILLE (Henri)

198. — Rabelais, portrait entouré des personnages de
ses œuvres.

A la plume, signé.

199 — Charles Monselet (Cupidon) présente un encrier
à une muse qui enregistre ses succès. (Menu du
du Cercle artistique de la Seine).

A la plume, signé.

## PILLE (Henri)

200 — Au Chat Noir.

A la plume, signé.

## PRADIER

201 — David d'Angers, de profil.

A la plume, signé. (Collection Jubinal de Saint-Albin).

## REYNAUD (F.)

202 — Les Petits Musiciens ambulants.

Aquarelle signée. (Collection Jubinal de Saint-Albin).

## RIBOT (Th.)

203 — Portrait de l'artiste.

Dessin à l'encre de Chine, signé des initiales.

## ROQUEPLAN (Camille)

204 — Cromwell devant le portrait de Charles 1ᵉʳ.

Aquarelle signée et datée.

205 — Paysage.

Mine de plomb, signé.

206 — Vue de Paris, prise du pont de la Tournelle.

Crayon noir, signé et daté, 1828.

## ROUSSEAU (Th.)

207 — Barques sous un pont.

Crayon noir.

## SALABERT (F.)

208 — Portrait de femme assise.

Crayon noir rehaussé de couleur, signé, 1834.

## SIMON (Just)

209 — Coquelin, rôle de Tartuffe.

A la plume.

## SMIRKE (d'après)

210 — Trois compositions in-18 pour Gil Blas.

Dessins de graveur, à la mine de plomb.

## TOUDOUZE (E.)

211 — Dessin pour illustrer Mademoiselle de Maupin ;
roman de Théophile Gautier.

Plume et lavis d'encre de Chine, signé.

## VERNET (Carle)

212 — Espagnol monté sur un cheval.

Crayon noir lavé de sépia, signé (Ce 15 août 1836, C<sup>le</sup>. V.)

213 — Promenade à cheval.

Mine de plomb.

## VERNET (attribué à Carle)

214 — Le Jeu de la drogue.

Aquarelle.

## VERNET (Horace)

215 — La Garde meurt, elle ne se rend pas (1815).

Plume et aquarelle, signé des initiales.

## WILLETTE (Adolphe)

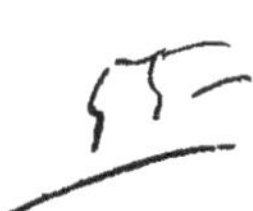

216 — Le Cuvier, conte de La Fontaine.

A la plume, signé.

217 — Le bon vin réjouit le cœur de l'homme. Titre pour la Prime illustrée.

Crayon noir, signé.

Imp. PAIRAULT et Cie, 3, passage Nollet, Paris (4027).